UN MANUAL DE LA SERIE IDEAS EN ACCIÓN

Cómo hacer coaching siendo líder

Un manual paso a paso para desarrollar a su gente

Manuales Ideas en acción

Todos los manuales de esta serie están dirigidos a los directivos y ejecutivos que se preocupan por su propio desarrollo y el de los demás. En ellos se ofrece asesoramiento específico sobre cómo realizar una tarea de desarrollo o solucionar un problema de liderazgo.

Colaboradores principales	Johan Naudé
	Florence Plessier
Colaboradores	Candace Frankovelgia
	Kaushik Gopal
	Elizabeth Gullette
	Douglas Riddle
Director de Evaluaciones, Herramientas y Publicaciones	Sylvester Taylor
Director, Desarrollo de Publicaciones	Peter Scisco
Editor	Stephen Rush
Editor asociado	Shaun Martin
Editor adjunto	Joan Bello
Diseño y maquetación	Joanne Ferguson
Diseño de portada	Laura J. Gibson
	Chris Wilson, 29 & Company
Derechos y permisos	Kelly Lombardino

N.º de CCL: 461ES-IN
PRINT ISBN 978-1-64761-009-8
EPDF ISBN 978-1-64761-011-1
EPUB ISBN 978-1-64761-010-4

Center for Creative Leadership
www.ccl.org

Cómo hacer coaching siendo líder

Un manual paso a paso para desarrollar a su gente

Johan Naudé y Florence Plessier

Center for
Creative
Leadership

SERIE DE MANUALES IDEAS EN ACCIÓN

Esta serie de manuales recopila los conocimientos prácticos que ha generado el Center for Creative Leadership (CCL) desde su fundación en 1970. El objetivo de esta serie es proporcionar a los líderes asesoramiento específico sobre la forma de realizar una determinada tarea de desarrollo o solucionar un problema de liderazgo. De este modo, la serie cumple la misión del CCL de hacer avanzar el conocimiento, la práctica y el desarrollo del liderazgo para beneficio de la sociedad mundial.

La posición única de CCL como organización dedicada a la investigación y a la educación da respaldo a una comunidad de eminentes académicos y formadores en la que se fomenta el intercambio de conocimientos. La comunidad de conocimientos de CCL cuenta con unos principios compartidos y sus integrantes trabajan juntos para comprender y generar respuestas prácticas a las circunstancias en constante cambio y los retos organizativos del liderazgo.

A partir de sus interacciones con una amplia variedad de clientes, su investigación sobre los efectos del liderazgo en el rendimiento y la sostenibilidad de las organizaciones, y sus vastos conocimientos sobre el funcionamiento de estas, CCL crea ideas nuevas y bien fundamentadas que ponen en práctica diariamente líderes de todo el mundo. Estamos convencidos de que los manuales de Ideas en acción supondrán una importante aportación a sus recursos sobre el liderazgo.

Índice

EN POCAS PALABRAS

Los líderes tienen que ser capaces de adaptarse a muchas situaciones diferentes. La mayoría de ellos se sienten cómodos y eficaces en el rol de dirigir el desempeño de sus subordinados directos día a día, pero muchos no tienen tan claro el papel de fomentar su desarrollo, sobre todo en lo que respecta al *coaching* para el desarrollo. Según la experiencia de CCL, la mayoría de las personas quieren que sus jefes les hagan de *coach*, pero afirman que esto no sucede con la suficiente frecuencia. Este manual ofrece una introducción a los fundamentos del *coaching* para los líderes y describe una estructura y una serie de pautas que les permitirán mantener conversaciones de *coaching* formales e informales eficaces con sus subordinados directos. Los líderes están en la mejor posición para potenciar el desarrollo de su gente. Las habilidades de *coaching* son un conjunto importante de herramientas que pueden utilizarse para aprovechar la experiencia diaria de la gente en el trabajo, fomentar su desarrollo y aumentar la capacidad de liderazgo de los individuos, equipos y organizaciones.

La dualidad del papel del líder

Como líder, tiene que asumir diferentes roles con sus subordinados directos. Uno de ellos es dirigir su desempeño día a día. Otro es fomentar su desarrollo para que puedan seguir dando lo mejor de sí mismos en situaciones de mayor relevancia y complejidad, en las que resulta fundamental aprender a aprender. Ambos roles son importantes. Es probable que ya esté acostumbrado al primer rol, el de dirigir el desempeño, y que tenga muchas herramientas para llevarlo a cabo. Sin embargo, la función de desarrollar a los subordinados directos, sobre todo en lo que respecta al *coaching* para el desarrollo, puede que no le resulte tan familiar. Este manual está destinado a proporcionarle las herramientas que necesita para convertirse en un líder *coach*.

¿Qué es hacer coaching como líder?

Definimos el *coaching* del líder como conversaciones formales o informales entre el líder *coach* (usted) y los aprendices (por lo general, subordinados directos) con la intención de generar algún cambio positivo en su comportamiento en el trabajo. A efectos prácticos, se trata de ayudar a los subordinados directos a identificar qué cambios de comportamiento les parecen beneficiosos, explorar las opciones para llegar a adoptarlos y ofrecerles oportunidades para vivir situaciones en las que puedan poner en práctica cada nuevo comportamiento y recibir el *feedback* y el apoyo que necesitan para seguir aprendiendo y desarrollándose.

Algunos líderes reconocen que el *coaching* es importante y que dedican parte de su tiempo a realizarlo con su gente, pero otros no tienen tan claro qué significa hacer *coaching* con las personas que dirigen y cómo este método se alinea y se amplía con las conversaciones sobre el desarrollo del desempeño.

Entonces, ¿en qué consiste el *coaching*? Mucha gente ha probado el *coaching* en contextos no laborales, como el deporte, la música, el teatro o la danza. En estos entornos, los *coaches* suelen utilizar su propia experiencia para ayudar a las personas a mejorar sus habilidades. Es comprensible que los líderes adopten este enfoque profesional cuando trabajan con su gente. Sin embargo, aunque este es un aspecto necesario e importante para ser un líder eficaz, no es suficiente para maximizar el desempeño de las personas a largo plazo.

Para ello, deberá cambiar su forma de actuar, basarse menos en su experiencia funcional y más en su capacidad para comprometer a las personas, cuestionando su manera de pensar y permitiéndoles pararse, reflexionar, poner en duda sus suposiciones y replantearse las limitaciones que perciben.

Este modelo de *coaching*, basado en la formulación de preguntas, desarrolla la capacidad de la gente para pensar de manera crítica y resolver problemas y potencia su agilidad para el aprendizaje.

La dualidad del papel del líder se ilustra en el gráfico 1. Los líderes dirigen el *desempeño* de sus subordinados directos con un enfoque *de afuera hacia adentro*, centrándose en el problema

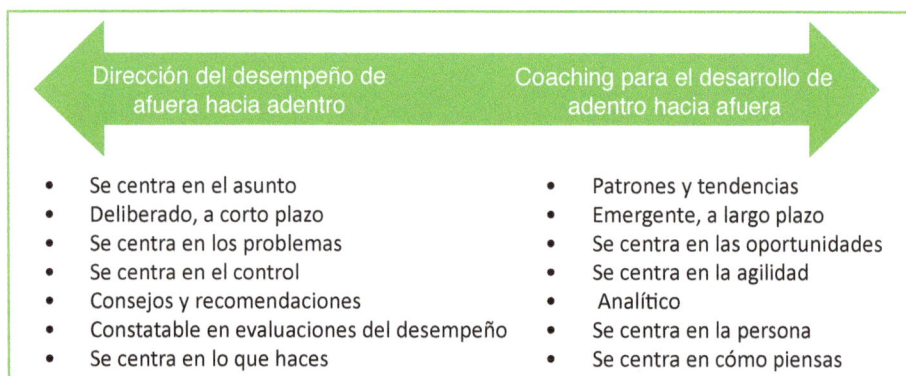

Dirección del desempeño de afuera hacia adentro	Coaching para el desarrollo de adentro hacia afuera
• Se centra en el asunto	• Patrones y tendencias
• Deliberado, a corto plazo	• Emergente, a largo plazo
• Se centra en los problemas	• Se centra en las oportunidades
• Se centra en el control	• Se centra en la agilidad
• Consejos y recomendaciones	• Analítico
• Constatable en evaluaciones del desempeño	• Se centra en la persona
• Se centra en lo que haces	• Se centra en cómo piensas

Gráfico 1. El doble deber del líder

en cuestión y recurriendo a su propia experiencia. Por otra parte, dirigen el *desarrollo* de sus subordinados con un enfoque de *coaching de adentro hacia afuera*, centrándose en los propios subordinados y la forma en que piensan y se comportan.

La importancia de hacer *coaching* como líder

La siguiente historia es un ejemplo de lo valioso que puede llegar a ser adoptar una actitud de líder *coach*.

Sharon, una directora que estaba poniendo en práctica las habilidades de *coaching* que acababa de adquirir, se dio cuenta de lo importante que era el *coaching* para ella y su equipo. Bernard, un subordinado directo de Sharon que ejercía de supervisor, fue un día a su despacho para hablar con ella sobre su carga de trabajo y los retos a los que se enfrentaba con su equipo. Tenía mucha experiencia en su ámbito y siempre se había enorgullecido de ser excelente en lo que hacía. Quería que su equipo lograra el mejor desempeño de la empresa y se estaba esforzando por conseguirlo. Bernard le dijo que se sentía frustrado, porque estaba trabajando muchas más horas que otros supervisores para asegurarse de que su equipo lograra unos resultados de gran calidad.

A Bernard le preocupaba que varios de sus subordinados directos no eran tan competentes como él esperaba y que a menudo tenía que intervenir para arreglar las cosas. Sharon reconoció lo frustrante que debía de ser esa situación y que, claramente, Bernard estaba muy comprometido con el éxito de la organización. Le preguntó qué expectativas pensaba que tenía ella para su equipo. Esta conversación les hizo darse cuenta a ambos de que Bernard pedía a su equipo unos estándares más altos de lo que ella esperaba.

Cuando pidió a Bernard que explicara cómo veía su papel de supervisor, quedó claro que se centraba sobre todo en los resultados del equipo y que se sentía responsable de intervenir en todos los problemas y solucionarlos por los demás. También reconoció que disfrutaba arremangándose y haciendo el trabajo, y que el hecho de ser útil y que sus subordinados directos lo consideraran un experto le hacía sentirse bien.

Sharon le pidió a Bernard que pensara en las experiencias que más habían contribuido a su desarrollo como experto en su ámbito y que recordara lo que habían hecho sus supervisores y directores más eficaces para ayudarle a crecer. Cuando Bernard le explicó cómo le habían animado a abordar los problemas formulándole preguntas y le habían dejado cometer errores para después valorar lo aprendido, se dio cuenta de que no estaba haciendo lo mismo con sus propios subordinados directos. Vio que el hecho de centrarse en el desempeño del equipo y su condición de experto le hacían ir siempre al rescate de sus subordinados, negándoles las oportunidades de expansión que necesitaban para crecer.

Sharon también le preguntó si su modelo de supervisión se alineaba de algún modo con la estrategia de la organización de contratar en sus propias filas. Bernard se dio cuenta de que, para apoyar mejor esta estrategia, tendría que tolerar más algunos errores y permitir que su gente lidiara con algunos de los retos a los que se enfrentaba en el trabajo. Vio que, convirtiéndose en un compañero de reflexión para ellos en lugar de un experto en resolver problemas, podría desarrollar un equipo más competente, tener más tiempo para sí mismo y apoyar la estrategia de talento de la organización potenciándolo en su equipo.

Sharon sabía que pasar de hacer el trabajo personalmente a crear un ambiente favorable al éxito de los subordinados directos suele ser más fácil de decir que de hacer. En todo caso, también se dio cuenta de que preguntando a Bernard en lugar de darle consejos, conseguiría que este aceptara cualquier solución que surgiera, aumentando las probabilidades de que cambiara su manera de comportarse con su equipo.

Ventajas del coaching por parte del líder

¿Qué beneficios obtienen los líderes cuando adoptan la actitud de un *coach*? Básicamente, ayudan a retener a los colaboradores clave, garantizan el buen desempeño de su equipo, ganan confianza para abordar las deficiencias en el desempeño, se enorgullecen del desarrollo de sus subordinados directos y mejoran su relación con ellos.

Además, existen otros dos beneficios importantes:

Compromiso: En CCL, solemos oír decir a los participantes de los programas que quieren que sus jefes hagan *coaching* con ellos, pero que esto no sucede todo lo que les gustaría. Las organizaciones necesitan líderes capaces de implicar, motivar y desarrollar a sus subordinados directos de manera eficaz para maximizar su desempeño. El compromiso consiste en la voluntad de dar más de lo que se espera y está relacionado con que las personas obtengan una perspectiva a largo plazo y desarrollen su carrera profesional de manera continua.

Desarrollar el flujo de talento: Los líderes pueden ayudar a desarrollar el flujo de talento de su organización para que esta pueda ascender a más personas de sus propias filas en lugar de tener que contratar externamente. Muchas organizaciones quieren contratar desde dentro, pero piensan que no cuentan con el talento para hacerlo. Por lo general, los líderes de estas organizaciones no tienen las habilidades de *coaching* necesarias para desarrollar el flujo de talento. Sin embargo, manteniendo conversaciones de desarrollo colaborativas con sus jefes, los subordinados directos pueden desarrollar su autoconciencia, aumentar su autonomía, potenciar sus fortalezas y habilidades demostradas, y asumir más responsabilidad por su propio desarrollo y evolución en la organización. También es más probable que estén de acuerdo con sus planes personales de desarrollo y los pongan en práctica, además de valorar el tiempo que pasan con su jefe.

Maneras de ser un líder coach

De acuerdo con nuestra definición, un líder puede hacer *coaching* de dos maneras:

Una relación informal en la que el líder aprovecha las situaciones laborales para identificar posibles oportunidades o vías para que el subordinado directo siga creciendo, le ofrece *feedback* en tiempo real, cuestiona sus suposiciones, reconoce sus cambios de comportamiento y le llama la atención sobre posibles recursos.

Un proceso formal que conlleva una serie de conversaciones colaborativas en las que el líder *coach* trabaja con el subordinado directo para:

- Evaluar en qué punto está el subordinado directo en términos de fortalezas y áreas de desarrollo mediante el *feedback* sobre un ámbito en particular o en general.

- Acordar los nuevos comportamientos que podrían serle más útiles para su desempeño y crecimiento personal de cara al futuro.

- Analizar cómo adoptar esos nuevos comportamientos y desarrollar un plan de acción.

- Hacer un seguimiento regular del plan de acción y una reafirmación positiva de los cambios, y ayudarle a gestionar los obstáculos.

Un componente importante del *coaching* formal e informal es que el líder *coach* actúe como modelo a seguir y utilice un enfoque basado en la formulación de preguntas para ayudar al subordinado directo a desarrollar la capacidad de pararse, reflexionar, evaluar la situación, cuestionar las suposiciones y limitaciones, y analizar las opciones para hacer *coaching* consigo mismo y con los demás.

Gráfico 2. Dirección frente a coaching

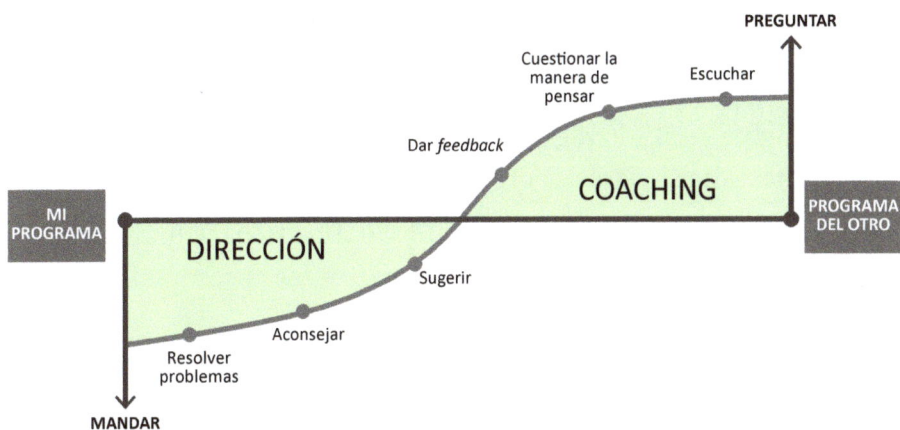

¿Cuándo actuar cómo un líder coach?

En su papel de líder, tiene que sopesar diversas opciones y tomar decisiones con respecto a lo que será más útil para el subordinado directo en cada momento y tarea. Esas opciones —dirección frente a *coaching*— se ilustran en el gráfico 2.

Asumir el rol de líder *coach* es particularmente útil cuando quiere ver un cambio positivo en el comportamiento del subordinado directo en el trabajo. Aunque se tarde menos en dar una respuesta u ofrecer una solución, a la larga ahorrará tiempo si toma decisiones sabias sobre cuándo decantarse por el *coaching*. Esto es debido a que desarrollará la capacidad del subordinado directo para resolver una mayor variedad de problemas y mejorar su desempeño por sí solo. Aquí mostramos algunas situaciones en las que un enfoque de *coaching* puede ser más conveniente:

- No existe una urgencia y el subordinado directo acude a usted para comentarle una idea que ha tenido o un problema con el que está lidiando.

- El subordinado directo acaba de pasar por un centro de evaluación o ha realizado una evaluación de *feedback* de 360 grados, un taller de liderazgo o una reunión para evaluar el desempeño. En todas estas actividades, la persona habrá recibido algún tipo de *feedback* para el desarrollo y necesitará elaborar un plan de desarrollo.

- Hay que preparar al subordinado directo para una nueva tarea o un cambio de trabajo que requiera competencias o habilidades que aún no ha demostrado.

- Hay que apoyar al subordinado directo en una tarea especialmente difícil que podría generarle estrés.

- Hay que abordar un punto ciego del subordinado directo que han señalado otras personas de la organización.

¿Cómo hacen coaching los líderes?

¿Cómo aprenden y se desarrollan las personas? ¿Cómo surgen los nuevos comportamientos? Piense en algún líder que le haya ayudado a aprender y crecer más. Lo más probable es que:

- Tuviera sus intereses en mente

- Le prestase mucha atención cuando se reunían

- Llegara a conocerlo lo suficientemente bien para saber cómo motivarle y ayudarle a aprender y crecer

- Le obligara a hacer el trabajo en lugar de darle todas las respuestas

- Le ofreciera suficiente apoyo para que lograra buenos resultados

- Aprobara que cometiera algunos errores

- Le comunicara claramente las expectativas para que supiera en qué consistía el éxito

Gráfico 3. El modelo RACSR

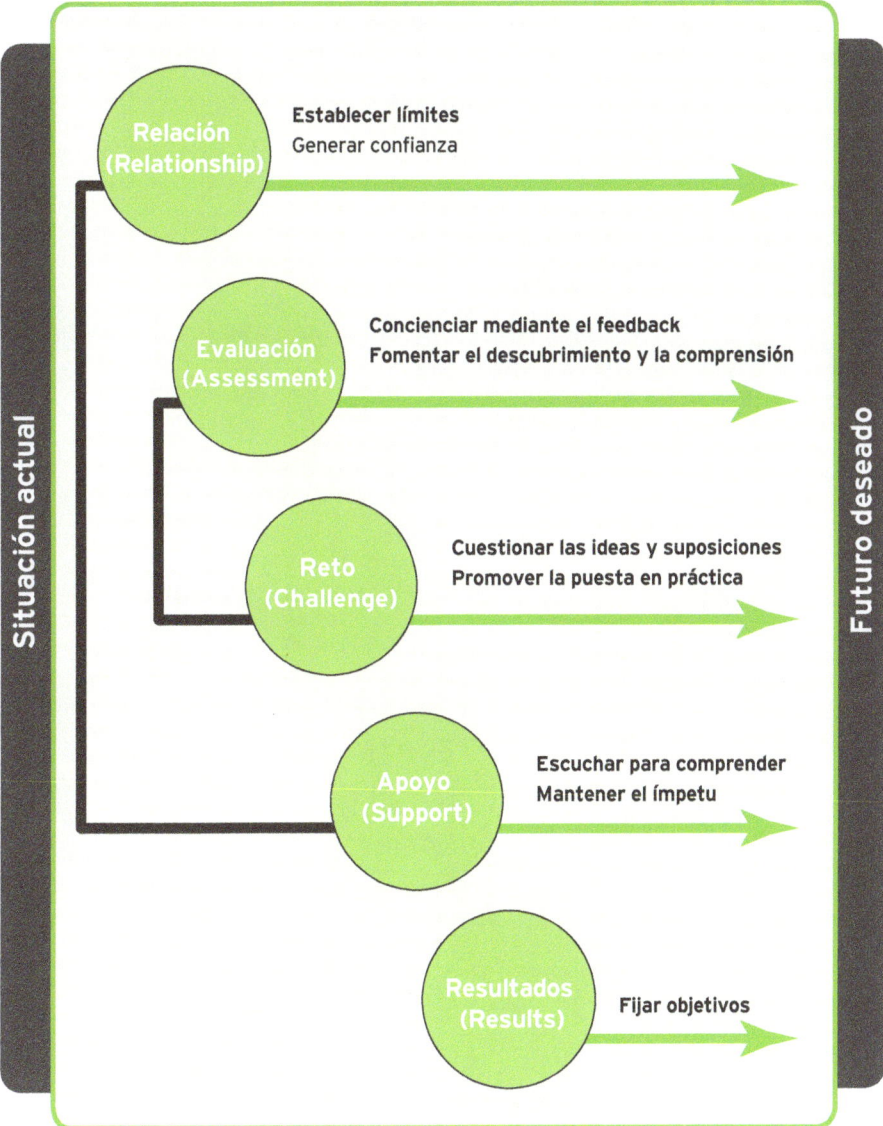

- Le diera un *feedback* sincero

Los estudios, la experiencia y el trabajo internacional de CCL han demostrado que los subordinados directos se transforman y crecen a través de una relación sólida, constructiva y de confianza con su jefe. Para ofrecer experiencias de desarrollo que produzcan resultados, el jefe debe proporcionar a los subordinados directos la combinación correcta de evaluación, reto y apoyo. Estos elementos clave del *coaching* conforman el modelo de CCL de Relación, Evaluación, Reto, Apoyo y Resultados, como se muestra en el gráfico 3.

Hay algunos comportamientos concretos que los líderes deben mostrar para desarrollar mejor a sus subordinados directos:

- Nutrir la relación y la confianza
- Establecer metas claras y medibles
- Preguntar en lugar de mandar
- Escuchar y confirmar que se ha entendido lo que se ha dicho
- Cuestionar
- Dar *feedback* de una manera atractiva e inspiradora
- Dejar en manos del subordinado directo la responsabilidad en relación con su crecimiento

Consejos para el líder coach

Como ya hemos mencionado, el *coaching* puede tener dos formas: una relación de *coaching* informal en la que el líder aprovecha las situaciones laborales para fomentar el crecimiento del subordinado directo, o un proceso de *coaching* formal destinado a desarrollar unos comportamientos concretos.

En las siguientes páginas encontrará:

- Una caja de herramientas general que le ayudará a adoptar los comportamientos que necesita mostrar como líder *coach*
- Un ejemplo de una conversación informal de *coaching*
- Una descripción paso a paso de cómo se entabla y desarrolla una relación de *coaching* formal

Esta caja de herramientas incluye consejos, ideas y preguntas que los líderes *coach* pueden utilizar en situaciones laborales cotidianas con sus subordinados directos.

Relación: Para entablar una relación con el subordinado directo, es importante conocerlo bien y formularle preguntas como:

- ¿A qué retos se enfrenta en el trabajo de los que yo tenga que saber más?
- ¿Cómo podemos colaborar mejor?
- ¿Recibe una atención adecuada por mi parte?
- ¿Escucho lo suficientemente bien?

Asimismo:

- Explique su rol de *coach* y comente el papel del subordinado directo.
- Exprese un interés sincero en el desarrollo del subordinado directo.
- Muestre paciencia.
- Sea un modelo a seguir de apertura mental.
- Cumpla sus promesas.
- Predique con el ejemplo.
- Exprese que cree que parte de su función es ayudar al subordinado directo a crecer profesionalmente y que trabajará con él o ella para brindarle oportunidades para que eso suceda. Pida al subordinado directo que le

comunique si este enfoque está funcionando a medida que avanza la relación de *coaching*.

Evaluación: Los aspectos clave de la evaluación son *concienciar mediante el feedback* y *fomentar el autodescubrimiento*. A continuación, hay algunas preguntas y consejos útiles para su caja de herramientas que le ayudarán a iniciar la conversación con el subordinado directo y concentrarse en ella.

- ¿Qué opina sobre el *feedback* que le han dado?
- ¿Qué le ha sorprendido y qué ha confirmado?
- ¿Qué ha aprendido?
- ¿Qué quiere hacer con lo que ha aprendido?
- ¿Cómo puedo ayudarle a desarrollarse?

Dar *feedback* es una parte importante del proceso de evaluación, porque promueve la comprensión y la autoconciencia. Comparta cualquier *feedback* que se le ocurra con el subordinado directo. Puede surgir de entrevistas que haya llevado a cabo, de

S

SITUACIÓN
- Cuándo y dónde se produjo el comportamiento
- Sea concreto acerca del momento, el lugar y las circunstancias

B

COMPORTAMIENTO
- Pregunte sobre un comportamiento en concreto.
- Describa el comportamiento observable tal como lo vio.
  Cíñase al comportamiento (p. ej., lo que se grabaría en una cinta de vídeo).
  Evite emitir un juicio de valor (p. ej., "No me estabas escuchando").

I

IMPACTO
- Describa lo que pensó o sintió como resultado de ese comportamiento.
- Describa cómo notó que reaccionaban los demás al comportamiento.

I

INTENCIÓN
- Indague en la intención subyacente al comportamiento de la persona.
- Si la intención y el impacto no se corresponden, pregunte qué podría suceder de otra manera la próxima vez para tener el impacto deseado.

Gráfico 4. El modelo SCII

18

una evaluación del desempeño o de sus propias observaciones de la persona. Si la organización cuenta con un formulario estándar para evaluar el desarrollo y dar *feedback* al respecto, puede serle útil. Anime al subordinado directo a reflexionar sobre el *feedback* que ha recibido y a analizar las posibles brechas entre sus intenciones y el impacto que tuvo en los demás. Explique sus impresiones refiriéndose a situaciones concretas, los comportamientos que se mostraron en ellas y cómo influyeron en usted, como se muestra en el gráfico 4, una variante del modelo de *feedback* Situación-Comportamiento-Impacto de CCL, con el elemento adicional de la Intención.

Reto: El objetivo de desafiar al subordinado directo es que visualice claramente lo que se puede lograr, para lo cual se cuestionan las limitaciones actuales y se le ayuda a analizar nuevas posibilidades. Los aspectos más importantes de plantear un reto son *cuestionar las ideas y suposiciones* y *promover la puesta en práctica*. Estas son algunas preguntas que podría considerar hacer al subordinado directo:

- ¿Qué está haciendo (o no haciendo) actualmente que le impide avanzar?
- ¿Qué alternativas se le ocurren?
- ¿Cómo podría analizar la situación desde otro punto de vista?
- ¿Cuál es el precio de no realizar un cambio?
- Dice que no puede hacerlo. ¿Cómo sería si pudiera?
- ¿Cuál es el siguiente paso que debe dar?

Apoyo: Los objetivos clave del apoyo que ofrece el líder al hacer *coaching* son demostrar que está comprometido e implicado en el éxito de los subordinados directos y asegurarse de que dispongan de los recursos necesarios para lograr los objetivos del *coaching*. Tiene que ayudarles a identificar el tipo de recursos y el apoyo que necesitan para alcanzar esos objetivos. Los aspectos clave de brindar apoyo son *escuchar para comprender* y *mantener el ímpetu*. Podría considerar hacer las siguientes preguntas al subordinado directo:

- ¿Cómo puedo ayudarle mejor?
- ¿A quién más debería involucrar en esto?
- ¿Qué recursos necesita y cómo va a obtenerlos?
- ¿Qué puede impedirle tener éxito?

Apoyar al subordinado directo también incluye ayudarle a pensar en cómo conseguir el tipo de apoyo adecuado para sus necesidades y puntos de vista, lo que podría incluir el apoyo de sus compañeros de trabajo.

Resultados: En el *coaching*, centrarse en los resultados implica establecer unos objetivos concretos relacionados con la empresa y el liderazgo y desarrollar un sistema de responsabilidad para aumentar las probabilidades de alcanzar esas metas. El paso clave en este caso es colaborar con el subordinado directo en el proceso de marcar los objetivos. Considere utilizar el método SMART (específico, medible, alcanzable, relevante, a tiempo): establecer objetivos que sean específicos, medibles, alcanzables, relevantes y que se logren a tiempo. Analice las prioridades actuales de la empresa y las tareas principales del subordinado directo y el modo en que los objetivos de desarrollo le ayudarán a cumplirlas. Pónganse de acuerdo en los objetivos, en los indicadores del desempeño y en un plazo para lograr las metas, y sugiera al subordinado directo que las documente. Las siguientes preguntas le permitirán colaborar con el subordinado directo para lograr los resultados:

- ¿Qué empezará a hacer de otra manera? ¿Por qué?
- ¿En qué consistirá?

- ¿Cómo sabrá que ha tenido éxito?

- ¿Qué será exactamente lo que habrá cambiado?

- ¿Cuál cree que será el primer cambio que notarán los demás?

- ¿Cómo piensa evaluar el progreso?

- ¿Quiénes son sus compañeros de responsabilidad?

- ¿Qué tendría que ver u oír yo para convencerme de que se ha cumplido el objetivo?

- ¿Cómo le afectaría a usted ese cambio?

- ¿Cómo afectaría ese cambio a su equipo o a la organización?

- ¿Qué necesita de mí?

Conversaciones informales de coaching

El *coaching* puede consistir en conversaciones informales

que animen al subordinado directo a reflexionar, pensar de otra manera, proponer ideas o soluciones y cambiar de comportamiento en el lugar de trabajo.

Considere la siguiente situación. A medida que la lea, marque las preguntas de la caja de herramientas que la líder utilice.

Allisa (líder): Hola, Robert. ¿Qué tal?

Robert (subordinado directo): Bueno, Allisa, no muy bien. Me está costando priorizar mis tareas. Parece que siempre voy con retraso y no me siento capaz de asumir todo el trabajo que tengo pendiente.

A: Mmm. . . Sé lo frustrante y preocupante que puede ser eso. ¿Cómo has gestionado situaciones parecidas en otras ocasiones?

R: Bueno, empecé haciendo una lista de todas las tareas que tenía pendientes y comparándola con los objetivos que había marcado contigo.

A: ¿Funcionaría eso en esta situación?

R: Sí, pero, para cuando lo tenga hecho, se me habrá acumulado todavía más trabajo en el escritorio.

A: ¿Cómo podrías frenar o parar el flujo de trabajo que te llega?

R: Bueno, algunas personas de la organización no han entendido bien mis responsabilidades. Recibo muchas cosas que no deberían enviarme a mí en primer lugar, sino a los especialistas directamente.

A: ¿Cómo podrías cambiar las cosas para que eso dejara de pasar?

R: Tenemos que volver a hablar sobre las funciones de cada uno.

A: ¿Cómo lo harás?

R: Podría organizar una reunión con el jefe del departamento de especialistas y enviarle un mensaje de tu parte y de la mía.

A: ¿Hay algo más que quizás necesites hacer de otra manera en el futuro?

R: Me doy cuenta de que soy muy dado a servir a los demás, por lo que, cuando recibo estas peticiones, me gusta atenderlas yo mismo. Me hace sentirme valorado.

A: Eso es un regalo para la organización, pero a ti te sale caro. ¿Hay alguna lección que puedas sacar de todo esto?

R: Que tengo que aprender a decir que no a las peticiones triviales, y que puedo seguir contribuyendo mejor a la organización respondiendo a las que realmente me corresponden.

A: Es un gran aprendizaje. ¿De qué otra manera puedo ayudarte?

R: Quizás podríamos sentarnos y revisar las prioridades juntos.

A: De acuerdo. Habla con mi secretario para programar una reunión sobre la priorización de tareas.

El proceso de coaching formal

El *coaching* es especialmente eficaz cuando el subordinado directo ha recibido un *feedback* que le ha despertado un deseo de cambio y lo declara abiertamente. Podría originarse en un centro de evaluación, un informe de *feedback* de 360 grados o una serie de comentarios y conversaciones formales e informales que hayan revelado un área de desarrollo. En esas situaciones, es posible que desee establecer una relación de *coaching* formal.

Una relación de *coaching* formal consisten en mantener conversaciones colaborativas centradas en un objetivo u objetivos concretos de comportamiento; es mejor no abordar más de dos objetivos a la vez.

La primera conversación debe centrarse en identificar el objetivo u objetivos, establecer la frecuencia y el procedimiento de las conversaciones de desarrollo y desarrollar un plan de acción.

Las siguientes conversaciones (cada dos o tres semanas y de veinte a treinta minutos de duración) se centrarán en promover el avance hacia los objetivos, superar los obstáculos, mantener el ímpetu y hablar sobre la responsabilidad de llevar a cabo el plan de desarrollo personal con éxito.

En el gráfico 5 se ilustra cómo mantener esas reuniones para lograr la máxima eficacia y proponer preguntas y contenido en cada paso.

Gráfico 5. Mantener las conversaciones

Al planificar la primera conversación sobre el desarrollo, debe hacer lo siguiente:

- Revisar datos relevantes, como informes de *feedback* y revisiones de desempeño, para:
  - ○ Reflexionar sobre lo que, en su opinión, son las fortalezas y oportunidades de mejora del subordinado directo en relación con el área de desarrollo en la que ambos tienen previsto centrarse.
  - ○ Analizar qué mensaje desea transmitir al subordinado directo sobre su desempeño en ese ámbito y qué comportamientos piensa que requieren un cambio positivo.
- Recopilar ideas y recursos, como mentores o libros inspiradores, que pueden servir de orientación para las acciones de desarrollo.
- Elaborar preguntas para el subordinado directo utilizando el modelo RACSR descrito en el gráfico 3.
- Pida al subordinado directo que:
  - ○ Revise el *feedback* que ha recibido sobre el tema en

cuestión y analice el impacto de su comportamiento en los demás.

- o Haga una lista y un resumen de las fortalezas y oportunidades de desarrollo que sugiere el *feedback*.

- o Piense en lo que es importante para él o ella.

Al mantener la primera conversación, recuerde adoptar el enfoque general para el crecimiento y el desarrollo, es decir, ofrezca una combinación equilibrada de evaluación, reto y apoyo en el marco de una relación de confianza orientada hacia los resultados concretos acordados.

En las siguientes páginas encontrará ideas y preguntas que puede utilizar para mantener la primera conversación sobre el desarrollo.

Formar un vínculo y dar dirección y estructura

- Indique el propósito y los beneficios de las sesiones.
- Pregunte al subordinado directo cuáles son sus expectativas.
- Recalque el resultado deseado: un plan de desarrollo que sea factible y significativo tanto para usted como para el subordinado directo.
- Hable sobre la confidencialidad y sus límites.
- Comente qué otras partes interesadas clave participarán en el proceso de desarrollo.
- Exprese un interés sincero en el desarrollo del subordinado directo.

Dirigir la conversación

Haga preguntas como las siguientes:

- ¿Qué opina sobre el *feedback* que le han dado?

- ¿Qué le ha sorprendido y qué ha confirmado?
- ¿Qué ha aprendido?
- ¿Qué quiere hacer con lo que ha aprendido?
- ¿Cómo puedo ayudarle?

Acordar los objetivos de desarrollo

Haga preguntas como las siguientes:

- ¿Qué temas ve que están relacionados con su trabajo hoy y de cara al futuro?
- ¿Qué objetivos de desarrollo quiere marcar?
- ¿Cómo sería si alcanzara esos objetivos? ¿Qué tendría que ver u oír yo para convencerme de que se ha cumplido el objetivo?
- ¿Qué hace que este objetivo sea SMART (específico, medible, alcanzable, relevante, a tiempo)?

Asimismo:

- Diga lo que opina sobre la relevancia de los objetivos para usted como jefe.
- Analice las actuales prioridades y tareas principales del subordinado directo, y cómo alcanzar los objetivos de desarrollo le ayudará a cumplirlas.
- Acuerde los objetivos, los indicadores de desempeño y un plazo para cumplir los objetivos. Pida al subordinado directo que los documente.

Desarrollar un plan de acción

- Anime al subordinado directo a pensar de manera creativa y probar a comportarse de otras maneras.
- Utilice las preguntas enumeradas en el apartado de «Reto»

26

de la caja de herramientas general.

- Comparta experiencias (suyas y de otras personas) en situaciones similares, las cosas que se intentaron hacer y las que funcionaron o no.

- Pregunte al subordinado directo si le sería útil que le explicara sus propias ideas e innovaciones en relación con las áreas de enfoque para orientarlo en su situación y contexto concretos.

- Revise el plan de acción con el subordinado directo para aumentar las probabilidades de éxito.

- Proponga al subordinado directo documentar el plan de acción.

Analizar

- Pregunte al subordinado directo qué buscará en términos de recursos, como tiempo, personal, información o herramientas, para llevar a cabo el plan de acción con éxito.

- Pregunte al subordinado directo qué necesita de usted para llevar a cabo el plan de acción con éxito.

- Analice los obstáculos que puedan surgir. Pida al subordinado directo su punto de vista y comparta el suyo.

- Describa la energía, el compromiso y la disciplina que requiere el cambio y dé un ejemplo de cómo lo ha abordado personalmente. Pida al subordinado directo que explique una experiencia previa de cambio exitosa, por qué dio buenos resultados y cómo lidió con los obstáculos.

- Anime al subordinado directo resaltando lo que considera sus fortalezas y comentando cómo puede sacarles partido para apoyar el plan de desarrollo.

- Exprese su opinión real sobre el potencial del subordinado directo.
- Pregunte al subordinado directo qué tipo y frecuencia de seguimiento necesitará para superar los obstáculos.

Concluir la conversación

- Pida al subordinado directo que resuma lo que se lleva de la reunión.
- Pregúntele qué hará a continuación.
- Pida al subordinado directo que le dé *feedback* sobre la reunión y le diga si hay algo que pueda hacer de otra manera para ayudarle mejor.

Con la primera conversación sobre el desarrollo, embarcó a su subordinado directo en un viaje de crecimiento y desarrollo. Ahora es momento de pasar a la siguiente fase: las conversaciones de seguimiento sobre el desarrollo, que proporcionan el combustible que mantiene el motor en funcionamiento y que hacen que no decaiga el ímpetu cuando aparecen obstáculos. Como ya hemos mencionado, estas reuniones deben tener lugar cada dos o tres semanas y durar entre veinte y treinta minutos.

Mientras mantiene las conversaciones de seguimiento del desarrollo, recuerde el mejor enfoque para el crecimiento y el desarrollo: ofrecer una combinación equilibrada de evaluación, reto y apoyo. En las siguientes páginas encontrará ideas y preguntas que puede utilizar para mantener las conversaciones de seguimiento del desarrollo.

Dar dirección y estructura

- Exprese el objetivo y los beneficios que espera obtener de la sesión. Esto es importante para mantener el rumbo.

- Céntrese en renovar la energía y encontrar una solución a los problemas.

Seguir desarrollando la relación

- Transmita un interés sincero en el desarrollo del subordinado directo haciendo observaciones y comentarios continuamente y de forma cuidadosa.

- Dé ejemplos concretos de lo que ha visto en relación con su esfuerzo y los resultados.

- Si es relevante, comparta experiencias de cambio en las que usted se haya encontrado con obstáculos y le haya costado superarlos.

Identificar la fase del progreso del subordinado directo

Haga preguntas como las siguientes:

- ¿Qué ha intentado hacer? ¿Qué ha funcionado? ¿Por qué funcionó?

- ¿Qué ha probado que no haya funcionado?

- ¿Qué ha aprendido de ello?

- ¿Qué le queda por probar?

Dar *feedback*

- Explique lo que haya visto u oído acerca del progreso del subordinado directo y cuál ha sido el impacto bajo su punto de vista.

- Hable sobre aquellas áreas en las que no perciba un gran avance.

- Pregunte al subordinado directo en qué quiere centrarse durante el resto del proceso.

Analizar los obstáculos

- Anime al subordinado directo a pensar de manera creativa para abordar los retos y probar a adoptar nuevos comportamientos.

- Pregunte al subordinado directo si le sería útil que le explicara sus propias ideas e innovaciones para orientarlo en su situación y contexto concretos.

Analizar los apoyos

- Pregunte al subordinado directo qué apoyos le han servido y cuáles no.

- Pregunte al subordinado directo cómo ha utilizado sus fortalezas y qué más se podría intentar.

- Exprese su opinión sobre el potencial del subordinado directo.

- Pregunte al subordinado directo qué tipo y frecuencia de seguimiento necesitará para superar los obstáculos a partir de ahora.

- Si es relevante, haga algún un comentario inspirador que pueda ayudar al subordinado directo.

Concluir la conversación

- Pida al subordinado directo que resuma las conclusiones de la reunión.

- Pregúntele qué hará a continuación.

- Pida al subordinado directo que le diga si hay algo que pueda hacer de otra manera para ayudarle mejor.

- Programe la próxima conversación de *coaching*.

A medida que continúe con estas conversaciones, es probable que note no solo el progreso del subordinado directo hacia sus objetivos, sino también que toma más responsabilidad respecto a su desarrollo, que dedica más tiempo a la autorreflexión y que aumenta su capacidad para cuestionarse a sí mismo.

Una vez que se alcanzan los objetivos, puede volver a iniciar el proceso con otra serie de objetivos.

Observaciones finales

Este manual pretende ofrecer una introducción a los fundamentos del *coaching* para los líderes y describe una estructura y una serie de pautas que les permitirán mantener conversaciones de *coaching* formales e informales eficaces con sus subordinados directos. Para desarrollar realmente estas habilidades, considere realizar un curso formal en habilidades de *coaching*, al que quizás pueda acceder a través del departamento de recursos humanos o gestión del talento de su organización o asistiendo a un programa de habilidades de *coaching* de CCL. Si mantiene una relación de *coaching* formal con un subordinado directo, puede colaborar con algún compañero de recursos humanos u otra persona interna con quien pueda compartir impresiones a medida que se implica en la relación de *coaching* con el subordinado. Otro recurso potencial podría ser algún compañero cuyas habilidades de *coaching* respete.

Los líderes tienen que adaptarse a diferentes situaciones. Esperamos que haya descubierto en qué consiste sacar su faceta de líder *coach* y cuándo conviene usarla. Como líder comprometido a ayudar a su gente a aprender y crecer y a desarrollar la cartera de liderazgo de su organización, vale la pena elegir actuar como líder *coach* y tomarse el tiempo para mantener conversaciones de *coaching* formales e informales.

La mayoría de la gente quiere que sus jefes hagan *coaching* con ellos y se siente decepcionada cuando esto no sucede. A medida que vaya implicando a sus subordinados en el proceso, mostrándoles una sincera curiosidad, prestándoles atención y formulando preguntas abiertas, seguro que les encantará su interés en lo que piensan, su manera de tomar decisiones y lo que les motiva. Lo verán como un líder que tiene los intereses de su gente en mente.

Antecedentes

Muchos de los esquemas y materiales de apoyo de este manual se han extraído del programa general *Coaching for Greater Effectiveness* (*Coaching* para aumentar la eficacia) de CCL y de otros talleres de habilidades de *coaching* personalizados. También hemos extraído contenido e ideas de conversaciones con otros líderes del *coaching* de CCL que han contribuido a la evolución de la práctica del *coaching* en CCL y en otros lugares. La investigación y la experiencia de CCL en las últimas décadas demuestran claramente hasta qué punto la experiencia laboral desempeña un papel fundamental en el crecimiento y el desarrollo.

Los líderes están en la mejor posición para potenciar el desarrollo de su gente. Las habilidades de *coaching* son un conjunto importante de herramientas que pueden utilizarse para aprovechar la experiencia diaria de la gente en el trabajo, fomentar su desarrollo y aumentar la capacidad de liderazgo de los individuos, equipos y organizaciones.

Aunque las habilidades de *coaching* a nivel individual pueden tener un fuerte impacto en los líderes *coach* y las personas de su entorno, sabemos por experiencia que implementar iniciativas de desarrollo de habilidades de *coaching* a gran escala puede ayudar a las organizaciones a crear una cultura de *coaching* o de aprendizaje. Las organizaciones requieren que las personas trabajen de manera más interrelacionada para lograr resultados empresariales, por lo que los líderes y directivos que se sienten cómodos en su papel de *coach* son muy valorados.

Propuestas de recursos

Buron, R. y McDonald-Mann, D. (1999). *Giving feedback to subordinates.* Greensboro, NC: CCL Press.

Lombardo, M. y Eichinger, R. (2009). *FYI For your improvement, fifth edition.* Minneapolis, MN: Lominger International: A Korn/Ferry Company.

McCauley, C. D. (2006). *Developmental assignments: Creating learning experiences without changing jobs.* Greensboro, NC: CCL Press.

Peterson, D. y Hicks, M. D. (1996). *Leader as coach: Strategies for coaching and developing others.* Minneapolis, MN: Personnel Decisions International.

Ting, S. y Scisco, P. (ed.). (2006). *The CCL handbook of coaching: A guide for the leader coach.* San Francisco, CA: Jossey-Bass.

Weitzel, S. (2000). *Feedback That Works: How to build and deliver your message.* Greensboro, NC: CCL Press.

Información sobre pedidos

PARA OBTENER MÁS INFORMACIÓN, SOLICITAR OTROS MANUALES DE IDEAS EN ACCIÓN O CONOCER LOS DESCUENTOS APLICADOS A GRANDES PEDIDOS, PÓNGASE EN CONTACTO CON NOSOTROS POR TELÉFONO EN EL NÚMERO + 1 (336) 545-2810 O VISITE NUESTRA LIBRERÍA EN LÍNEA EN WWW.CCL.ORG/GUIDEBOOKS.

www.ingramcontent.com/pod-product-compliance
Lightning Source LLC
Chambersburg PA
CBHW042119190326
41519CB00030B/7551